KB203419

글·그림 윤현정

닉네임 롤라(Lola).

어반스케치 수업을 하며 글도 쓴다.

일할 때 보다는 여행하며 그림 그릴 때 더 열의가 넘치는 선택적 게으름뱅이.

저서로는 "나의 드로잉 노트", "요괴눈깔맛"이 있다.

www.instargram.com/lifedrawing_lola

blog.naver.com/soapdiary

Lola in
SINGAPORE

롤라 인 싱가포르

목 차

드로잉 수업과 책 만들기 수업을 하던 2019년쯤, 우연한 기회로 어반 스케쳐스인천을 알게 되었다. 이런 모임이 있다니! 혼자 그리는 것도 재미있지만 여럿이 그리니 더 재미있었다.

2022년 겨울쯤 우리도 내년에 해외 챕터 정기 모임에 참가해 보자는 이야기가 나왔다.

"해외 챕터라고?"
"좋지."
"어디로 가죠?"
"당연히 싱가포르죠."

그렇게 결정이 나자마자 1년짜리 싱가포르 여행 적금을 들었다. 싱가포르는 처음이다. 도대체 어떤 곳일까. 덥다는 데 얼마나 덥지? 스케치북은 어떤 걸로 준비하지? 숙소는 어느 지역에 잡아야 하는지 항공권 가격이 비싸니 싸니 하며 코로나 이후 첫 여행에 절로 기분이 up!

싱가포르 여행에 참가할 인원을 7~8명 정도로 예상했는데 18명으로 확정되었다. '18명? 이건 거의 패키지여행인데?' 그렇게 설렘을 안고

2023년 11월 21일 늦은 밤에 싱가포르로 떠났다. 5박 7일 짧은 일정이었지만, 그래서 더 즐거운 싱가포르 드로잉 여행이었다. 특별히 이번 여행을 위해 맞춘 도장 문구처럼.

먹고 즐기고 보고 그리고.

전부터 알고 지낸 패트릭과 엘리사는 여행 내내 우리에게 많은 도움을 주었다. 몇몇 싱가포르 스케쳐가 번갈아 가며 나와서 우리와 시간을 함께했다. 그렇게 시간과 정성을 쏟기가 쉽지 않은데 말이다.

하나부터 열까지 꼼꼼하게 스케치하는 성격이 아니라서 스쳐 간 풍경이 많지만 가볍게 싱가포르를 감상하기를 바란다.

2024년 3월
윤현정(Lola)

246
20231121
#인천공항2터미널

첫째 날

관음당불조묘 Kwan Im Thong Cho Temple
스리 크리슈난 사원 Sri Krishnan Temple
부기스 스트리트 Bugis Street
성 요셉 성당 St. Joseph's Church

관음당불조묘 Kwan Im Thong Cho Temple

Urban Sketchers
Singapore
KWAN IM THONG
HOOD CHO TEMPLE
SINGAPORE
20231122

SRI KRISHNAN TEMPLE
SINGAPORE
20231122
Incheon Sketchers in Singapore
먹고 즐기고
보고 그리고
2023.Nov.21~27. USk Incheon
Urban Sketchers SINGAPORE

Urban Sketchers
Singapore

BUGIS
Capitaland
Aft Bugis Stn
Exit C
Bus STOP
20231122

St Joseph's Church
성요셉성당
2023.11.22

둘째 날

가든스 바이 더 베이 Gardens By The Bay
마리나 베이 샌즈 호텔 Marina Bay Sands Hotel
티 타임 세트 Tea Time Set
아트 사이언스 박물관 ArtScience Museum

Urban Sketchers
Singapore
정숙
콩나물
날비
나헌
지향
Incheon Sketchers in Singapore
먹고 즐기고
보고 그리고
GARDENS
BY THE BAY
20231123

2023년 11월 22일 새벽에 도착한 싱가포르. 모든 게 낯설다.

더위는 참을 수 있었지만 습해도 너무 습한 날씨는 여행이 끝날 때까지 적응하기 힘들었다. 첫 날 저녁에 패트릭과 엘리사가 우리를 라우 파 삿(Lau Pa Sat)으로 안내했다. 소문대로 숯불에 구운 꼬치구이는 아주 훌륭했지만 맥주 가격이 생각보다 비싸서 놀랐다. 주변 고층 빌딩에는 아직 불이 환했다. 야근하는 사람들은 우리를 보고 무슨 생각을 했을까.

둘째 날은 그 유명한 가든스 바이 더 베이(Gardens By The Bay)로 갔다. 우리와 함께 하려고 나오신 싱가포르 스케쳐. 우리들 한 명 한 명 사진을 찍어주시고 본인의 그림엽서를 선물로 주셔서 너무 감사했다. 개인적으로 초록초록을 좋아하지는 않지만 엄청 멋있는 슈퍼트리(Supertree)를 제대로 표현하지 못해 아쉽다.

홍차는 그리 즐기지 않지만 여행지에서 가끔 애프터눈 티 세트를 찾아본다. 여행 중 최고의 호사는 아무래도 Tea Time을 가질 때 같다. 직원의 복장이 특이하다. 19세기를 배경으로 하는 영화에서 많이 봤던 현지인들의 복장이었다.

가든스 바이 더 베이에서
싱가포르 스케쳐를 만났다
우리와 같이 시간을
보내려 일부러 찾아
오신 것 같았다.
너무나 감사했다.
Incheon Sketchers in Singapore
먹고 즐기고
보고 그리고
2023.Nov.21~27. USk Incheon
Urban Sketchers SINGAPORE

WELCOME TO
GARDENS BY THE BAY
Review us on Tripadvisor
ATTRAC
ADMISS
더워도 걷고 싶었으나
습한 날씨에 3달러나
주고 셔틀버스를
탔다
1123

TEA TIME SET
- PARISIAN
· SCONES
· FINGER SAND
· TRUFFLE CRO

EN EARL GREY

ARTSCIENCE MUSEUM
MARINA BAY
SINGAPORE

Incheon Sketchers in Singapore
먹고 즐기고
보고 그리고
2023.Nov.21~27. USk Incheon
Urban Sketchers SINGAPORE

종합선물세트

싱가포르 챕터에서 어반스케쳐스인천을 위해 준비한 선물이다.

다니엘스미스 물감 닷 카드, 수채화 붓, 펜, 손수건, 엽서, 스티커, 뱃지. 심지어 과자와 음료수까지 종합선물세트다. 함께 준비한 싱가포르 참가자들 이름이 적힌 메모지와 패트릭의 손 편지까지.

숙소에서 내가 먼저 꺼내 놓은 선물들을 보더니, 갱냥 님이

"너무 과분하게 환영해 주는데?"
"그러게요, 몸 둘 바를 모르겠네."
"다음에 싱가포르에서 오면 우리는 뭐 하죠?"
"레드 카펫 정도는 깔아야 되지 않을까요?"

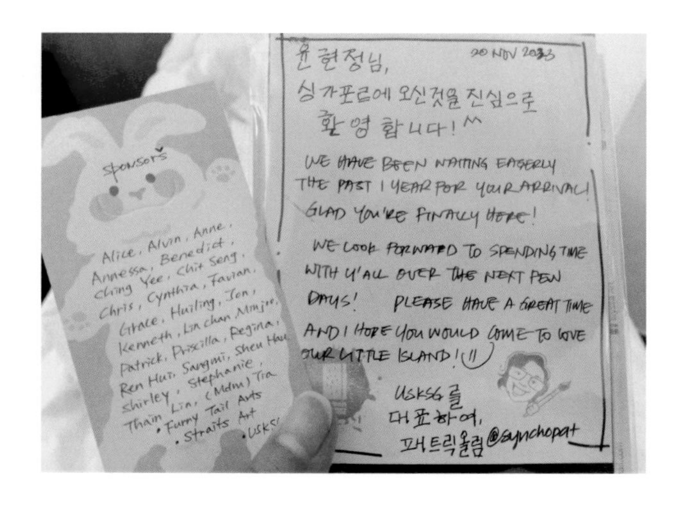

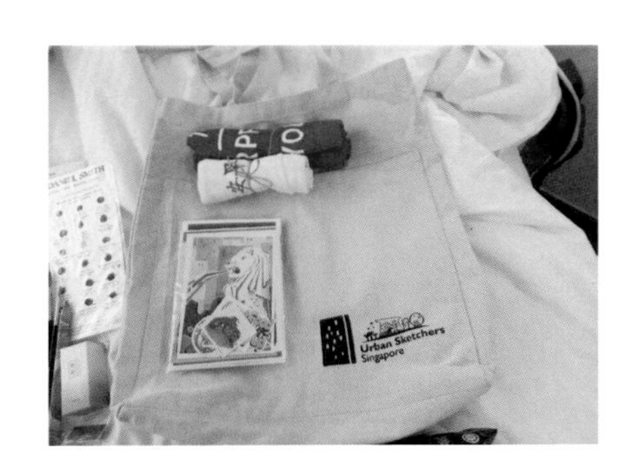

에코백은 조금 손봐서 잘 사용하고 있다. 안 입는 청바지 뒷주머니를 떼어 에코백 앞면에 달고,인천과 싱가포르 뱃지로 장식했다. 그리고 입구가 벌어지지 않게 고정해 줬다. 일본 시즈오카 현청 전망대에서 받은 기념 단추를 여기서 쓰는구나.

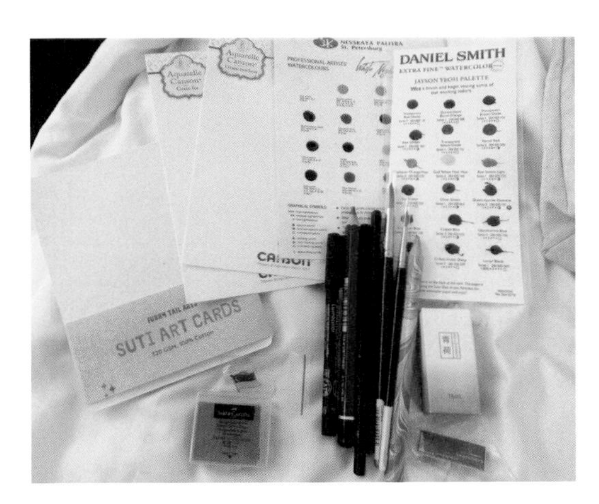

셋째 날

차이나타운 China Town
불아사 Buddha Tooth Relic Temple
리틀 인디아 Little India
롱바 Long Bar

STOP
CHINATOWN MRT
SINGAPORE
2023.11.24

華安 CHOP WAH ON
SINCE 1916
華安

Urban Sketchers SINGAPORE
佛牙寺
BUDDHA
TOOTH
RELIC
TEMPLE
SINGAPORE
20231124

BIRYANI
BISM
Perak RD
LITTLE INDIA # SINGAPORE 20231124

인원이 많다 보니 다 같이 몰려다닐 수는 없었다. 오늘은 차이나타운 안에서 자유롭게 움직이기로 했다. 서너 명이 같이 움직여도 좋고 혼자 다녀도 좋은데, 단톡방에 어디 있는지 생존 신고만 해주기로 했다. 그리고 이날도 싱가포르 스케쳐가 몇 분 오셔서 같이 그림을 나눌 수 있었다.

싱가포르 스케쳐스는 우리와는 느낌이 달랐다. 도시의 색감이 그대로 스케치북에 표현되는 것 같다. 도시는 더위와 습기에 축 처질 것 같은데 활기찬 기운이 넘쳐난다. 인천과는 달리 도심에서 울창한 나무들을 쉽게 볼 수 있어서 그런지도 모르겠다.

그 생생함에 나도 등이 떠밀려 버렸다. 평소라면 비싸서 쳐다보지도 않았을 – 40달러에 손이 부들부들 – 오리지널 싱가포르 슬링(The Original Singapore Sling)을 마셨으니까.

'처음이니까 마신다. 다음은 없어.'

THE ORIGINAL
SINGAPORE SLING
Incheon Sketchers in Singapore
먹고 즐기고
보고 그리고
2023 Nov.21~27 USk Incheon
LONG
BAR
Did you know? Ingredients of the Singapore Sling are delivered in ecoTOTE™ formats, saving thousands of glass bottles a year.
2023.11.24

땅콩껍질

넷째 날

브라스 바사 콤플렉스 Bras Basah Complex
어반스케쳐스싱가포르 11월 정기 모임 참가

North Bridge Rd
RAFFLES HOTEL

BRAS BASAH COMPL
USK.SG SKETCHW
SINGAPORE S
Shiv

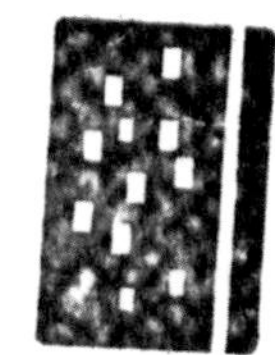

Urban Sketchers
Singapore

TOAST BOX
Hello Thanga
Hello! Chris Ng
妳好!
I'm TeenTeen
안녕하세요

ERS

2023.11.25

11월 25일 넷째 토요일. 해외 챕터의 정기 모임은 처음이었다. 인천 모임에서는 보기 드문 나이 어린 학생부터 다양한 국적의 외국인까지 많은 사람들이 모였다. 낯을 가리는 나는 어디에 껴야 할지 당혹스럽다.

쭈볏거리며 주변을 둘러보다가 상가 건물 끝 계단에 앉아 이정표와 건너편 고풍스러운 호텔을 그렸다. 그림을 다 그린 후 주변을 둘러봤다. 토스트 박스 야외 테이블에서 그림을 그리고 있는 패트릭이 보였다. 같이 있는 일행과 패트릭의 캐릭터를 스케치북에 담았다.

나름 엄청난 용기를 발휘해 스케치북을 보여주며 사인을 부탁했다. 한 사람 한 사람 눈을 마주치며 사인을 받을 때마다 내 심박수는 널을 뛰었다. (나는 낯을 가린다고!) 그리고 돌려받은 스케치북에서 패트릭의 사인을 보고 웃음이 나왔다.

〈안녕하세요. 로로씨〉

(왼쪽부터) 나, chu xin와 vivi.

집합 시간이 되어 모두의 스케치북을 한곳에 모았다. 참가자들의 다양한 생김새만큼이나 색다른 그림들이 많았다. 처음으로 해외 모임에 참가한 인천 팀도 굉장히 집중한 시간이었다. 패트릭과 몇몇 싱가포르 스케쳐의 그림을 자세히 볼 수 있었는데, '아니, 이 사람들이. 그렇게 안 봤는데. 꼼꼼 대마왕이었어.'

(왼쪽부터) 나, teen teen, chrisNg, patrick.

YEE LIN
TOAST
CHU XIN
KHARI
카리
VIVI

2023/1/25
Urban Sketchers Singapore
SIMS GALLERIA
LING
ny...
are you?

래플즈 호텔의
3층 지붕만 그림.

도어맨의 복장이
인상적이다

LES HOTEL
우리의 숙소
ibis Singapore
on Bencoolen

마지막 날

술탄 모스크 Sultan Mosque

아랍 스트리트 Arab Street

하지 레인 Haji Lane

리틀 인디아 Little India

클락 키 Clarke Quay

난양 올드 커피 Nanyang Old Coffee

SULTAN
MOSQUE
2023.11.26

B63 [Takeout]

% ΔRΔBICΔ

Lucky Ace Singapore

2023-11-26 10:22

Arab St

Caffe Latte (Iced)

Amount $8.40

Thank You

"See The World Through Coffee"

마지막 날, 술탄 모스크를 그린 후 아랍 스트리트 이정표가 딱 보이는 카페를 발견했다. 더워서 아이스 라테를 주문했는데 뭐? 8.40달러? 한국에서도 8,000원짜리 커피는 마셔 본 적이 없거늘! 더위에 정신이 훅 갔나 보다. 충격이 컸는지 그림에 비해 영수증을 너무 크게 그렸다.

Incheon Sketchers in Singapore
먹고 즐기고
보고 그리고
2023.Nov.21-27.USk Incheon
2023.11.26
Haji Lane
ONE WAY

THALIA HAIR
Get Ready For Man.
Raina

굉장히 화려한 힌두사원. 무지개 색연필을 꺼냈다. 좁고 복잡한 리틀 인디아(Little India) 거리. 앉지도 못하고 서서 그렸는데 뭔가 너무 뭉개져 보여 아쉽다.

구름이 잔뜩 끼더니 내가 클락 키(Clarke Quay)에 도착하니 빗방울이 떨어졌다. 비가 많이 내리지는 않았지만 빠르게 그려야겠다고 생각했다. 물감을 먼저 쓱쓱 칠하고 붓펜으로 윤곽선을 그렸다. 관광객을 태우던 작은 보트들이 하나둘 모이더니 잠시 정박했다.

그림 그리던 자리 뒤로 쇼핑몰이 있어 지하 푸드 코트에서 간단하게 점심을 해결했는데. '아차, 송파 바쿠테 본점이 근처인데. 내가 이런 거를 먹다니.'

싱가포르에 다시 와야 할 이유가 생겼다.

진한 코피(kopi)로 여유를 찾는 것도 잠시,
이제는 떠날 시간이라고 알람이 울렸다.
난양 올드 커피에 아쉬움을 남겨두고
나는 창이공항으로 발걸음을 재촉했다.

18명 단체로 떠나는 드로잉 여행이라니. 난 거의 혼자 다녀서 이런 여행은 상상도 해 본 적 없다. 인천 모임처럼 두어 시간 그림 그리고 헤어지는 게 아니고 며칠을 같이 다녀야 된다니. 일행들이 문제가 아니라 내 지랄 맞은 성격이 문제다. (한국에서 미리 전망대 단체 예약을 할 때, 난 안 간다고 했더니 갱냥 님이 그럴 줄 알았다고) 싱가포르 도착 3일째 되는 날, 결국 나는 일행에서 떨어져 혼자 다녔다.

술탄 모스크에서 자신의 클래식 자동차를 그려줘 고맙다는 Anil Thadani. 각자 그림 그리느라 얼굴 보기도 힘들었던 일행을 일명, 응(%)커피에서 마주쳤다. 그 복잡한 거리에서 내 뒤통수를 알아본 Ann 님, 미선 님의 스티커 출력기를 보고 혹 했던 일, 놓친 일행이 있는데도 알아차리지 못하고 출발해버린 일 등 여행 중 마주친 소소한 사건들로 나름 왁자지껄한 여행이 되었다.

단 5일을 여행하며 기록한 싱가포르지만 처음으로 해외 정기 모임에 참여한 느낌은 정말 신선했다. 다양한 국적만큼이나 개성 넘치는 그림들. 충격이었다. 기회가 된다면 다른 나라 어반스케치 정기 모임에도 참가하면 좋겠다는 생각이 들었다.

이 책에는 음식 그림이나 사진은 없지만, 현지 음식들은 저렴하고 맛있었다. 배불러서 남긴 꼬치구이가 지금 생각해도 너무 아까웠고, 난양 올드 커피에서 마셨던 코피(kopi)에서는 왠지 모를 친밀감을 느꼈다. 유명한 카야 토스트도 처음으로 먹었는데, 우웩, 너무 달아!

싱가포르하면 떠오르는 멀라이언 파크(Merlion Park)의 사자 동상은 수리 중이라고 해서 일정에서 뺐다. 가보고 싶은 곳도 많았고, 갔던 곳을 또 가도 새로운 풍경을 발견할 것 같은 싱가포르. 벌써 그립다.

인천 팀을 위해 많은 것을 준비한 싱가포르 친구들. 신경 써주고 챙겨줘서 정말 고마웠다. 나에게 싱가포르는 그들의 호탕한 웃음으로 기억된다.

2024년 봄
윤현정(Lola)

Lola in SINGAPORE

롤라 인 싱가포르

초판 1쇄 2024년 5월 3일

글·그림 윤현정

편집 윤현정

펴낸 곳 붉은나무

출판등록일자 2015년 9월 9일

출판등록번호 제 2015-23호

주소 인천광역시 부평구 부평대로 167번길 43, 2동 1408호

이메일 redtreebooks@naver.com

ISBN 979-11-6197-136-0
책값 12,000원